AF243589

RAPPORT

SUR LA

SITUATION POLITIQUE DE LA FRANCE

AU 30 MARS 1820,

PAR

M. COLIN,

PROCUREUR DU ROI A LONS-LE-SAUNIER.

Octobre 1830.

RAPPORT

SUR LA

SITUATION POLITIQUE DE LA FRANCE

AU 30 MARS 1820, [1]

PAR M. COLIN, [2]

PROCUREUR DU ROI PRÈS LE TRIBUNAL DE PREMIÈRE INSTANCE
DE LONS-LE-SAUNIER,
CHEF-LIEU JUDICIAIRE DU DÉPARTEMENT DU JURA.

❉

A M. LE PROCUREUR-GÉNÉRAL

PRÈS LA COUR ROYALE
DE BESANÇON. [3]

Lons-le-Saunier, le 30 mars 1820.

Monsieur le Procureur-Général,

Par votre lettre du 24 de ce mois, vous me faites l'honneur de me demander le résultat de mes

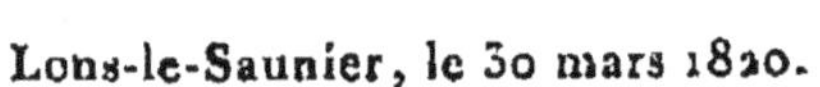

1 Ce rapport, qui annonçait la révolution de juillet, a précédé de plus de dix ans cette mémorable époque.

2 Aujourd'hui procureur-général près la Cour royale de Dijon.

3 M. Meyronnet Saint-Marc, aujourd'hui conseiller à la Cour de cassation.

observations sur la situation politique et l'esprit public de mon arrondissement.

Je dois vous l'exprimer avec franchise, selon vos désirs et ainsi qu'il convient à mon caractère. Ce devoir devient plus sacré à proportion de la gravité des circonstances.

Je sais que, dans ces matières, rarement les hommes se dégagent de toute prévention. Les uns, de bonne foi ; d'autres, par faiblesse ou par ambition, donnent aux choses la couleur de leurs opinions : c'est un écueil que je m'efforcerai d'éviter. Rétabli dans mes fonctions par une insigne faveur de sa Majesté, je dois acquitter non-seulement la dette de la fidélité, mais celle de la reconnaissance.

Je vous dirais mal toute ma pensée, si je ne remontais d'abord à des considérations générales. Dans la situation actuelle des affaires, tracer le tableau d'un arrondissement, n'est-ce pas tracer celui du royaume ?

Les restaurations sont des époques difficiles pour les souverains et pour les peuples ; ceux-là que rappellent d'anciens droits ; ceux-ci qui ont des sentimens et des intérêts nouveaux.

La révolution étant accomplie, il ne s'agissait plus d'en recherher les causes ; une haute politique commandait d'en adopter les effets désormais indestructibles.

On dut à la sagesse du Roi cette Charte qui, par

une heureuse fiction, fondait, en quelque sorte, sur les principes de la légitimité, une dynastie nouvelle.

La même sagesse a inspiré ces lois qui, rédigées selon l'esprit de la Charte, ont réglé successivement le droit d'élection, l'organisation de l'armée et l'exercice de la liberté de la presse.

Ainsi se consolidait le trône.

C'était un beau spectacle que celui d'une nation fière, sensible et généreuse, qui, victime, tour-à-tour de l'anarchie et du despotisme, ayant expié jusqu'à sa gloire même, montrait dans ses revers une noble résignation; et, calme au milieu des partis, sachant attendre les bienfaits d'une liberté exempte d'excès, prouvait déjà qu'elle était digne d'en jouir.

Tel n'est plus l'état de la France.

Agitée, tout-à-coup, par l'annonce de changemens à la Charte et à la loi des élections, elle attendait, avec anxiété, le projet du ministère, lorsqu'elle a été frappée de stupeur à la nouvelle de l'assassinat de Mgr. le duc de Berry.

Ce crime horrible a excité une indignation aussi générale que profonde.

Alors furent présentées les trois lois sur la liberté individuelle, la liberté de la presse, et les élections.

Ici, M. le procureur-général, comment vous décrire, avec exactitude, l'effet produit par ces trois lois ?

Il n'y a plus en France que deux partis, celui de la révolution selon la Charte ; je l'appelle *Constitutionnel*, et celui de la *contre-révolution*.

En considérant les élémens dont ils se composent, on fait plusieurs remarques importantes.

1º Ils ont changé de rôle. Le parti de la contre-révolution attaque aujourd'hui le gouvernement représentatif, comme, en 1789, le parti constitutionnel attaquait le gouvernement monarchique.

2º Les moyens de succès ne sont plus les mêmes. En 1789, la révolution était déjà faite dans les mœurs et dans l'esprit de la nation : de là, son développement rapide et général.

Aujourd'hui, la contre-révolution n'est, ni dans les mœurs, ni dans l'esprit de la nation. On peut la tenter par la violence ; on se flatterait inutilement de la consolider par les lois.

3º Dans sa faiblesse réelle, le parti contre-révolutionnaire s'efforce d'attirer à soi l'action concentrée du pouvoir, n'aspirant que pour les briser, à réunir dans ses mains tous les ressorts du gouvernement représentatif. C'est une opinion avouée par ce parti que, bientôt, les rênes de l'état lui seront exclusivement confiées.

Ce mouvement des partis explique à leur égard l'effet produit par la présentation des trois lois.

Le parti constitutionnel qui, depuis la promulgation de la Charte, est sur la défensive, a dû repousser des projets qui ne donnent que des moyens d'attaque.

Le parti contre-révolutionnaire, depuis la même époque, demande ou repousse les mesures extraordinaires, selon qu'il se rapproche ou s'éloigne du pouvoir : il vote aujourd'hui pour des lois d'exception qu'il rejetait après l'ordonnance du 5 septembre. C'est surtout la loi actuelle des élections qu'il est impatient de changer, n'importe à quel prix. Là est toute la question ; avec cette loi, toute tentative de contre-révolution serait impossible.

L'attitude des partis explique leur langage, de quelques couleurs empruntées qu'ils le déguisent. L'un ne dit pas tout ce qu'il craint ; l'autre n'avoue pas tout ce qu'il désire.

Cette lutte, qui touche à son terme, rend chaque jour les circonstances plus graves ; il y va du sort de la dynastie.

Le Roi, en donnant la Charte, s'était déclaré le chef de la monarchie constitutionnelle.

Autour du gouvernement se pressèrent tous ceux qui, par leur naisssance, ou par leurs principes, avaient été opposés à la révolution. L'ambition grossit leurs rangs ; bientôt, ils occupèrent les premiers postes de l'état.

Peu imitèrent la sagesse du Roi.

La nation fut prompte à s'inquiéter de leur influence. Arriva le 20 mars.

Leur influence s'accrut encore. La contre-révolution était flagrante lorsque l'ordonnance du 5 septembre en prévint la catastrophe.

Contenu plutôt que soumis, le parti contre-révolutionnaire n'avait, ni perdu ses espérances, ni ralenti son ardeur à profiter des conjonctures favorables

Quelques choix inconvenans lui fournirent un prétexte d'attaquer le systême électoral.

Il ne se montre pas moins empressé à soutenir les lois d'exception proposées à la suite du crime solitaire de Louvel.

Les choses en sont à ce point que la France est au moment de perdre le petit nombre de lois organiques obtenues depuis la promulgation de la Charte, et que la Charte même cesse de lui paraître inviolable.

Ce mouvement rétrograde est de la plus haute importance. Il place, de fait, le Roi hors de ses propres institutions, et le sépare, pour ainsi dire, de son peuple. Il environne de périls son trône, si habilement relevé sur la base inébranlable des intérêts nationaux; enfin, il conduit à une révolution qui, funeste à la dynastie, ne le serait pas moins au parti dont elle aurait imprudemment favorisé les tentatives impuissantes.

Cette révolution n'aurait pas le caractère des révolutions précédentes. Plus la nation, affamée de repos, en aurait redouté les chances et reculé l'époque, plus, dans le désespoir de s'y engager, elle en rendrait les conséquences irrévocables.

Déjà la crainte d'une révolution prochaine s'empare des esprits. Calmée par la confiance qu'inspirent les lumières et la sagesse du Roi, elle deviendrait plus vive après l'adoption des projets de loi qui l'ont fait naître.

En vous traçant ce tableau rapide de notre situation politique, j'ai eu besoin, M. le Procureur-général, de me souvenir que vous avez exigé de moi la vérité tout entière. J'ai dû aussi m'élever à la hauteur d'un sujet si grave pour reconnaître les dangers qui menacent la France et le Roi.[1]

LETTRE D'ENVOI.

Lons-le-Saunier, 30 mars 1820.

Monsieur le Procureur-Général,

Je vous envoie un rapport dont l'extrême franchise, je dirais presque, la hardiesse, vous surprendra peut-être. Je n'ai pas dû reculer devant la

[1] Destitué au mois d'octobre 1815 et réintégré en 1818, M. Colin a été révoqué une seconde fois en 1823.

M. Meyronnet Saint-Marc, procureur-général, a honoré la disgrâce de M. Colin par des regrets dont la générosité n'a pas été sans danger pour lui-même.

difficulté de traiter un tel sujet, même quand j'aurais vu, à le traiter ainsi, des inconvéniens qui pussent me devenir personnels.

Chacun parle politique ; peu ont assez de droiture, d'expérience et de sang-froid pour bien observer les événemens. On fait la politique du jour, rarement celle du lendemain : cependant, je n'entends répondre que de mes intentions.

Il y a des vérités qui paraissent hardies au moment où on les prononce, et qui bientôt deviennent vulgaires : on s'étonne toujours de voir si peu de prévoyance dans les choses qui en exigent le plus.

Au lieu de réflexions générales, j'aurais désiré connaître des faits et des circonstances particulières à mon arrondissement, et borner à leur exposé le compte que vous me demandiez. C'est malgré moi que je me suis élevé à la hauteur où vous êtes placé. Ce qui se passe dans mon arrondissement est de tous les autres ; mêmes intérêts, même choc par toute la France.

La tranquillité publique contraste avec l'effervescence des passions. Ce calme se prolongera, mais on peut craindre qu'il ne ressemble à celui qui est précurseur des tempêtes.

Je serai une sentinelle vigilante pour maintenir envers tous l'autorité des lois.

Les électeurs constitutionnels de l'arrondissement de Lons-le-Saunier, réunis le 17 novembre 1827, ont présenté à M. Colin une adresse et une médaille en or pour prix de son dévouement civique dans la défense de leurs droits.

Cette médaille a pour exergue : *L'estime publique est la plus belle récompense.*

9 782012 982468